Match the words and pictures. Then write the words.

①  **bat**

②  **cap**

③ cat

④  **fan**

⑤  **hat**

⑥  **map**

@

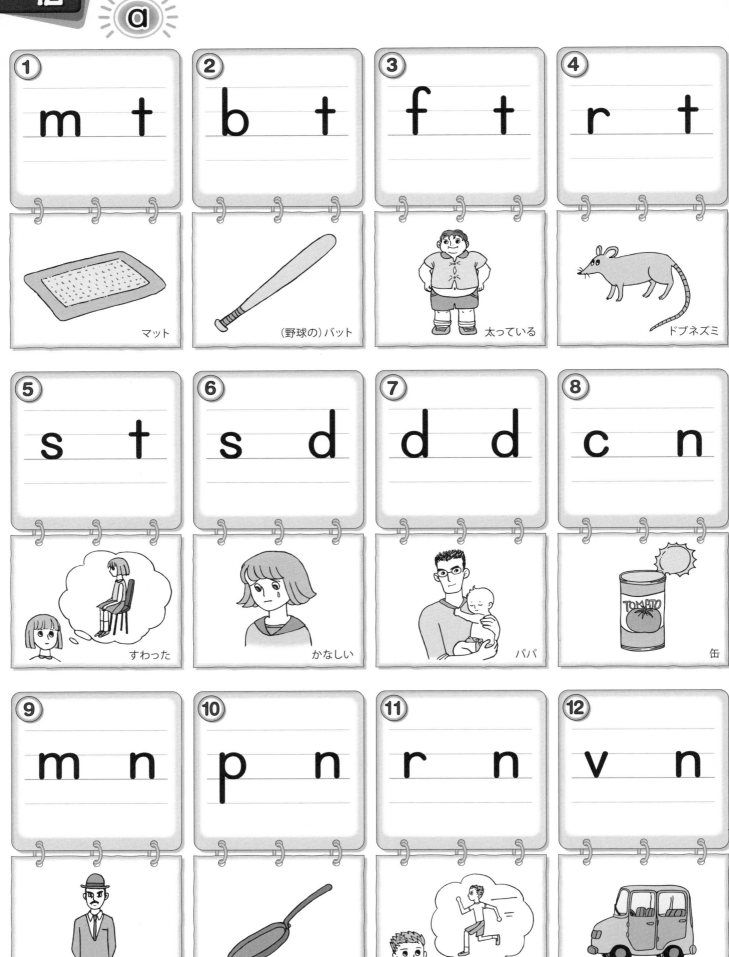

① m _ t — マット

② b _ t — (野球の)バット

③ f _ t — 太っている

④ r _ t — ドブネズミ

⑤ s _ t — すわった

⑥ s _ d — かなしい

⑦ d _ d — パパ

⑧ c _ n — 缶

⑨ m _ n — 男の人

⑩ p _ n — フライパン

⑪ r _ n — 走った

⑫ v _ n — 小型トラック

● Play three-letter words "a" BINGO.

three-letter words "a" BINGO

a	a	a	a
a	a	a	a
a	a	a	a
a	a	a	a

ことばを16選び、好きなマスに書いてビンゴボードをうめましょう

| sat | rat | fat | mat | map | hat | pan | fan | man | cat | can | cap | dad | bat | sad |

van ran

3

Match the words and pictures. Then write the words.

① bed

② hen

③ jet

④ net

⑤ pen

⑥ pet

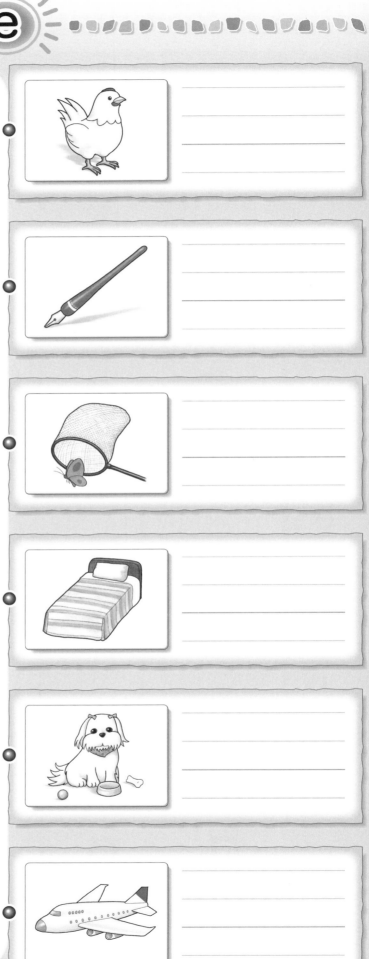

Lesson **15**

◉ **Read more words with "e" in the middle.**

① r d

② T d

③ m n

④ t n

あか

（人の名前）

男の人達

⑤ K n

⑥ w t

⑦ m t

⑧ s t

（人の名前）

ぬれた

会った

配置する

⑨ g t

⑩ v t

⑪ w b

⑫ l g

取る・得る

獣医

クモの巣

あし

◉ Listen to the teacher and write the word.

ⓐ ⓔ

1. bad — bed
2. pat — pet
3. man — men
4. pan — pen
5. mat — met
6. tan — ten
7. sat — set
8. bat — bet
9. lag — leg

⦿ **Match the words and pictures. Then write the words.**

1. fin

2. lip

3. pig

4. pin

5. six

6. chin

1
d g

ほる

2
w g

かつら

3
b g

大きい

4
k d

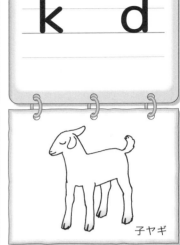

子ヤギ

5
h t

打つ

6
s t

すわる

7
b t

かんだ

8
f t

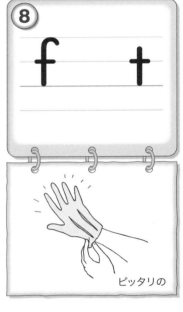

ピッタリの

9
h p

おしり

10
z p

ファスナーをしめる

11
t p

てっぺん（先端）

12
w n

勝つ

a e i

● Complete the words and read.

1
s [ ] x
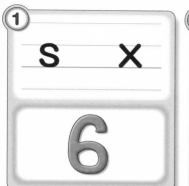

2
b [ ] t

3
p [ ] n

4
m [ ] p

5
h [ ] n

6
p [ ] g

7
c [ ] p

8
p [ ] t

9
c [ ] t

10
f [ ] n

11
j [ ] t

12
h [ ] t

13
f [ ] n

14
b [ ] d

15
l [ ] p

16
n [ ] t

17
p [ ] n

18
ch [ ] n

⦿ Match the words and pictures. Then write the words.

O

1 box

2 dog

3 fox

4 hop

5 mop

6 top

◉ **Read more words with "o" in the middle.**

o

① p t

なべ

② d t

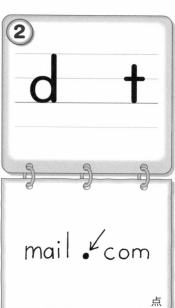

mail .com

点

③ h t

暑い

④ c t

（移動できる）ベッド

⑤ r t

くさる

⑥ l t

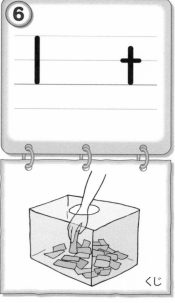

くじ

⑦ n t

～ではない

⑧ T m

（人の名前）

⑨ p p

はじける

⑩ s b

むせび泣く

⑪ l g

丸太

⑫ n d

うなずく

● Complete the words and read.

a　e　i　o

1　j　　t

2　d　　g
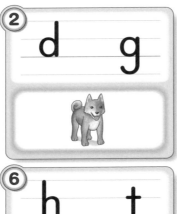

3　l　　p

4　s　　x

5　p　　g

6　h　　t

7　ch　　n

8　p　　n

9　c　　t
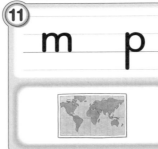

10　f　　x

11　m　　p
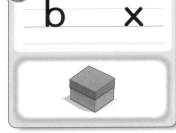

12　p　　t
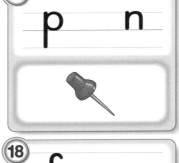

13　b　　x

14　p　　n

15　b　　t

16　c　　p

17　h　　n

18　f　　n

19　m　　p

20　b　　d

21　h　　p

22　f　　n

23　n　　t

24　t　　p

⊙ **Match the words and pictures. Then write the words.**

①  **bug**

②  **bun**

③  **bus**

④  **cup**

⑤  **gun**

⑥  **sun**

● Read more words with "u" in the middle.

u

① m g

マグカップ

② h g

だきしめる

③ r g

敷きもの

④ d g

掘った

⑤ g m

ガム

⑥ m d

どろ

⑦ c t

切る

⑧ n t

木の実

⑨ r b

こする

⑩ r n

はしる

⑪ f n

たのしみ

⑫ p

上へ

a　e　i　o　u

three-letter words BINGO

ことばを25選び、好きなマスに書いてビンゴボードをうめましょう

bat　cap　cat　fan　hat　map/bed　hen　jet　net　pen　pet/fin　lip　pig　pin

six/box　dog　fox　hop　mop　top/bug　bun　bus　cup　gun　sun

● Read the phrases and match them with the pictures.

 **1** a big red pen ●

 **2** a fat rat on a mat ●

 **3** a sad cat in a bag ●

 **4** hot milk in a pot ●

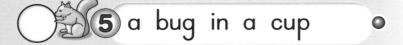 **5** a bug in a cup ●

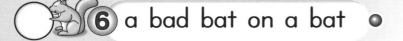 **6** a bad bat on a bat ●

 **7** a fat pig on a bus ●

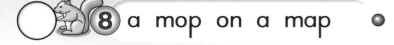 **8** a mop on a map ●